Sammelsurium eines Lehrers

Sammelsurium eines Lehrers mit Texten und vielen Fragezeichen

von Christoph Kaiser

2023

Impressum

Jahr: 2023

ISBN: 9789403690629

Illustrationen: Christoph Kaiser
Covergestaltung: Christoph Kaiser

Verlagsportal: Bookmundo.de
Gedruckt in Deutschland

Die Deutsche Nationalbibliothek verzeichnet diese Publikation in der Deutschen Nationalbibliografie.

Inhalt

Für mich ein wunderbarer Ort.

Eine kurze Erklärung für meine Leser

Das vorliegende Buch gehört in eine Reihe von Büchern, die ich als „Sammelsurium“ bezeichne, da sie Texte beinhalten, deren Idee nicht zu einem großen Buch gereicht haben, ohne sie dann unsinnig auszuwalzen, die mir aber oft meine liebsten Texte sind. Sie richten sich in der Regel an Jugendliche und junge Erwachsene.

Als Religionslehrer an einer hessischen Berufsschule verwende ich die Texte aus diesem Buch auch im Unterricht, um meine Schüler zum Nachdenken über bestimmte Themen des Lebens anzuregen. Die Bilder, die ich den Texten beigestellt habe, stammen teilweise ebenfalls aus meinen Unterrichtsmaterialien oder sind Bilder, die mir wichtig sind.

Die alten Bilder stammen aus „Völker des Erdballs“ von Dr. Heinrich Berghaus, Band 2, 1849; aus einem japanischen Buch über klassische chinesische Geburtsheilkunde aus dem 18. Jahrhundert und von einer Johannesikone aus Russland von um 1600; alle anderen Photos und Zeichnungen stammen von mir.

Danke, Erla!

JUNGE ARMENIERIN.

Zeyneps Tuch

Wind. Sanfter Wind. So sanft und doch so unüberfühlbar. Wunderbar.

Jennifer wollte nie wieder die Augen öffnen, sie nie wieder öffnen müssen, so schön war dieser Moment hier auf dem Deich zwischen Neuharlingersiel und Harlesiel; ein Moment für die Ewigkeit, so wunderbar, so rar, so kostbar. Mit weit ausgebreiteten Armen stand sie da, ließ den Wind hinein in jede Falte ihres langen Kleides, das sie ihrer Mutter eben mal schnell aus dem Kleiderschrank entliehen hatte; wenn man halt so ungefragt rausnehmen, einpacken und damit an die Nordsee fahren „leihen" nennen konnte. Wie ein Segel bauschte sich das Kleid auf und umspielte sie; eine Art Hippiekleid, in türkis und gelb und rosa; eine bunte Batik-Spirale, ein Wirbel von Farben, ein Lebenswirbel. Jennifer flog fast um von dem Winddruck, aber sie hielt stand, stemmte sich gegen den Wind und genoss jede Sekunde, jedes kleine bisschen Gefühl von Leben. Das Kleid umflatterte sie und der Wind spielte mit dem Kleid, mit Jennifer und mit dem Kopftuch, das farblich so gut zu dem Kleid passte und das Jennifer sich von Zeynep ausgeliehen hatte. Naja, eigentlich war das Kopftuch der Grund dafür gewesen, warum Jennifer das Kleid ausgesucht hatte. Nichts von ihren eigenen Klamotten hatte so zu dem Kopftuch gepasst, dem bunten Kopftuch, dem Kopftuch….

Dem Kopftuch, das ihren Kopf da umhüllte. Das Kopftuch, das ihr Zeynep geliehen hatte, als Jennifer endlich mal raus wollte. Sie hatte sich auch damals vor zwei Wochen, von niemandem verbieten lassen, den Ausflug ins Irgendwo zu machen, und hatte auch danach jeden Tag mehr als deutlich gezeigt, dass sie sich nicht würde dauerhaft einsperren lassen, aus keinem noch so gut gemeinten und noch so rational begründbaren Grund; so dass die Eltern sie heute Morgen nach Absprache mit den Ärzten endlich einfach mal ins Auto gesetzt und kurz zuhause vorbeigeschaut hatten zum Duschen und Umziehen, und waren ins Blaue gestartet, damit ihre Niffi mal wieder raus kam.

Niffi. Komisch. Eigentlich hatte schon seit Jahren niemand Jennifer mehr Niffi genannt, so wie in ihrer Kindheit; aber jetzt auf einmal war der Name wieder da, bei allen. Niffi. Und Jennifer mochte es, wieder Niffi zu sein. Das klang nach Kindheit, nach unbeschwertem Leben. Nach langen Haaren im Wind, nach Freiheit. Nach Zukunft.

Niffi hatte stundenlang vor dem Spiegel in der Klinik ausprobiert, wie sie so ein Kopftuch wohl tragen wollte. Nicht so wie Zeynep, auf muslimische Art, denn sie war ja keine Muslimin. Zeynep war eine, Niffi nicht. Zeynep wusste sehr genau, wer und was sie war, woran sie glaubte und woran nicht, und wie sie die Welt sah und wie sie sie zu verstehen hatte; Niffi war sich da noch nicht so sicher. In nichts. Nicht wirklich. Nicht so richtig. In erster Linie war sie Niffi. Die Welt mochte so gesehen werden oder anders, Gott gab es vielleicht oder auch nicht, das Schicksal war vorherbestimmt oder auch nicht; Niffi wollte sich da noch nicht festlegen. Noch nicht. Erst einmal leben, testen, schmecken, ausprobieren. Der Rest würde sich zeigen.

Also hatte Niffi das Tuch nach endlosen Versuchen hinter dem Nacken verknotet und ließ die beiden überlangen Enden wie einen Schal über die Schultern nach vorne hängen. Das sah schick aus mit dem Kleid, so nach 68er Jahre. So nach

Revolution und Aufbruch. Niffi mochte es. Im Krankenhaus vor dem Spiegel hatte das auch richtig gut gesessen und gehalten. Aber hier auf dem Deich? Pustekuchen, nichts mit gutem Halt. Fast hätte der Wind ihr das Kopftuch vom Kopf geweht. Er war ja so unfassbar glatt, ihr Kopf. Und so fremd, als sei er gar kein Teil von ihr, das sie jetzt seit 17 Jahren kannte.

Sie schlang das Tuch fester um die Stelle, wo bis vor dreieinhalb Wochen noch ihre Haare gewesen waren, vor dreieinhalb Wochen, kurz nach dem ersten Zyklus ihrer Chemotherapie.

Niffi hasste ihr Leben. Warum musste sie jetzt, ausgerechnet 2022, jung sein? Ihre Mutter, die hatte ein geiles Leben gehabt, als sie jung war: Als sie elf Jahre alt war, fiel die Mauer in Berlin und ganz Europa ohne Blutvergießen, ohne Krieg, ohne unendliches Leid; und die Welt war in einem unerwarteten Moment, durch einen ungewollten Versprecher in einer belanglosen Pressekonferenz, zu so einem phantastischen Ort voller Hoffnung und Zuversicht geworden, wie man es seit Jahrhunderten nicht mehr erlebt hatte, wenn überhaupt jemals zuvor. Alles schien möglich zu sein. Zehn Jahre lang schwelgte die Welt in einer rosaroten Zukunftsvision, und als die Flugzeuge in die Türme des World-Trade-Centers rasten, da war Niffis Mutter schon 23 und tatkräftig mitten im Leben als angehende Selfmade-Managerin eines kleinen börsennotierten Unternehmens.

Niffi war dann 2004 kurz vor Weihnachten geboren worden und hatte das Leben ihrer Eltern tüchtig, wie als hätte sie das geübt, durcheinandergewirbelt. Der Vater war sich nach drei Tagen Babyglück völlig sicher gewesen, dass er das nicht überstehen werde, gewöhnte sich aber doch im Laufe der nächsten Monate daran, seiner Lebensgefährtin und Mutter seiner Kinder den Rücken freizuhalten. Drei kleinere Geschwister waren noch dazu gekommen, bis der Vater vor zwei Jahren an einem kalten Wintermorgen die Kontrolle über sein Fahrrad verlor und auf dem Weg vom Einkaufen unter einen Bus geriet. Niffi hatte den Verlust nie überwunden. Für sie war das der Einstieg in das Katastrophenjahr schlechthin gewesen, das erste Jahr mit der Seuche, wie sie das nannte, mit Covid-19, Corona. Der Seuche eben. Und kaum war die einigermaßen vorbei, da musste der russische Präsident Putin versuchen, die Ukraine heim ins russische Reich zu holen. Niffi konnte gar nicht so viel fressen, wie sie kotzen wollte. Warum musste sie ausgerechnet in so bescheidenen Zeiten jung sein? Warum sie?

Und dann der absolute Tiefschlag in die Eingeweide: Krebs. Wie hatte die Frau Doktor da doch so herumgedruckst, um mit dem Unvermeidlichen nicht sofort herausrücken zu müssen. Niffi sei ja noch so jung und stark, und keine Suppe werde so heiß gegessen, wie sie gekocht wurde; und Niffi solle sich auf gar keinen Fall von jemandem den Mut nehmen lassen, und Heilungschancen und durchschnittliche Heilbarkeit und bla bla bla blubb. Niffi hatte gar nicht mehr hinhören wollen. Karzinom. Scheiße, Karzinom: Krebs.

Lymphdrüsenkrebs. Mit 17. Was war die Welt doch so ein Scheißort, alles für den Arsch. So war es aus ihr herausgeplatzt. Sie konnte und wollte nicht still sein, sonst wäre sie geplatzt vor Zorn und Trauer. Sie war erst 17, verdammt nochmal! Sie hatte zwei Jahre lang kein Leben gehabt wegen der Seuche, sie hatte Angst vor dem Ende der Welt, sei es wegen des Klimawandels oder wegen der Atomdrohungen aus Russland und Nordkorea! Sie wollte Leben nachholen, Leben vorleben auf Vorrat, aber bestimmt jetzt nicht in Krankenhäusern versauern bei Chemotherapien und ach so wohlmeinenden Ärzten und anderen vollkommen langweilig Erwachsenen. Sie hatte verdammt nochmal ein Recht auf ihr Leben! Und deshalb stand sie jetzt hier auf dem Deich und ließ den Wind sie umwehen. Mit Zeyneps Tuch.

Zeynep war vor drei Wochen Niffis Zimmernachbarin geworden auf der Onkologie. Zeynep war 28 und hatte Brustkrebs. Die beiden waren so etwas wie Freundinnen geworden, auch wenn sie grundverschieden waren und blieben. Für Niffi war Zeynep im Grunde eine Träumerin, die sich mit Hilfe ihrer Religion eine Wahrheit erträumte, die leichter zu ertragen war. Wenn sie sterben würde, dann war sie sich sicher, dass ihr Gott Allah sie vor ein Gericht stellen und aburteilen und dann bei sich aufnehmen würde; zumindest hoffte sie darauf. Dafür hielt sie Regeln ein, die Niffi allesamt unlogisch vorkamen. Und Niffi wollte nicht hoffen, dass erst im Tod etwas Großartiges geschehen würde; sie wollte jetzt und hier gesund werden und leben.

So etwas ähnliches hatte auch Niffis Großmutter erzählt, als Niffi noch klein war, aber die Oma war katholische Christin gewesen und da war noch ein Fegefeuer und ein Opfertod von Jesus und all so was vorgekommen. Niffi hatte nichts davon verstanden. Niffi hatte damit noch nie etwas anfangen können. Aber sie hatte der Oma damals nicht widersprochen, damit die allabendliche Schokoladenzuteilung nicht etwa darunter leiden würde, denn was Opportunismus ist, das würde sie erst viel später verstehen; und Niffi widersprach auch Zeynep nicht. Sie wollte ihr das Herz nicht noch schwerer machen. Zeynep hatte eine kleine Tochter und fürchtete, sie verlassen zu müssen; und auch, dass sie ihre Gene mit der Veranlagung zum Brustkrebs an die Kleine vererbt haben könnte. Und beides nagte an der jungen Frau und fraß sie regelrecht auf. Ob sie Niffi insgeheim um ihren Kampfeswillen beneidete? Sie lächelte immer nur, wenn Niffi wieder Pläne schmiedete und lieh ihr ihr Kopftuch. Niffi wurde nicht wirklich schlau aus ihrer Leidensgefährtin und Freundin.

11 Uhr. Bald war Mittag und der Bote der gemeindlichen Nachbarschaftshilfe würde das Essen vorbeibringen, so wie immer, seitdem Jennifer das Haus nicht mehr verlassen konnte. Mit 97 Jahren machten die Beine nicht mehr so ganz richtig mit. Sie sah sich um und stand so schnell auf, wie es ihr nur möglich war. Da lag das Tuch doch wieder als Tischdecke auf dem Esstisch! Wie oft hatte sie schon gesagt, dass das Tuch keine Tischdecke war? Sie wäre fast böse auf die jungen Leute geworden, aber was sollte es? Sie würden es nicht so richtig verstehen. Für die war es ein altes Seidentuch mit Fransen, für Jennifer war es das eine Tuch. Zeyneps Tuch.

In diesem Tuch lag ein stückweit ihr Leben beschrieben. Es mochte verrückt klingen, aber Zeyneps Tuch war ein Teil von Jennifer geworden. Zeyneps Tuch. Das Tuch des einen Tages an der Nordsee. Eines Tages, den Jennifer nie vergessen würde. Am Morgen hatte Zeynep ihr das Tuch geliehen und hatte ihr einen schönen Tag gewünscht, und ihre Augen hatten geschrien, dass sie am liebsten mitgekommen wäre. Ach, hätte Jennifer, Niffi, sie damals doch nur überredet mitzukommen! Vielleicht hätte es Zeynep Mut gemacht, sie gestärkt! Aber eben auch nur vielleicht.

Als Niffi abends zurückkam, da war das Zimmer leer. Zeynep sei auf eine andere Station verlegt worden; Niffi solle sich keine Sorgen machen, Zeynep wäre sicher bald wieder zurück; so hatten Schwestern, Pfleger und alle anderen ihr gesagt. Und Niffi hatte gewartet. Aber Zeynep kam nie wieder zurück. Erst Monate später, als sie selbst das Krankenhaus verlassen und die Reha erfolgreich abgeschlossen hatte, wagten es die, die es schon so lange wussten, ihr zu sagen, dass Zeynep bereits am Abend von Niffis Ausflugstag an die See ganz überraschend gestorben war. Ihr Körper hatte die eigene Krankheit und die übermächtige Angst nicht mehr ausgehalten. Nur das Tuch, das sie Zeynep immer noch hatte zurückgeben wollen, das war Niffi geblieben. Zeyneps Tuch.

Jennifer seufzte. Natürlich verstanden die jungen Leute, die hier arbeiteten, das nicht. Wie sollten sie auch? Eigentlich war es ja auch gar nicht zu verstehen. Waren Zeynep und sie wirklich Freundinnen gewesen, so kurz wie sie sich gekannt hatten? Oder nicht einfach vereint im selben Schicksal? Nein, das war ja völlig falsch.

Jennifers Finger gruben sich in den Stoff des Kopftuches und zogen es von dem Tisch, bevor gleich wieder das Tablett mit dem Mittagessen darauf abgestellt werden konnte. Einen Flecken auf diesem Tuch hätte Jennifer nicht dulden können, ihn fast körperlich als Schmerz gespürt, ihn nicht ertragen. Immerhin hatte das Tuch ihr das Leben gerettet.

Zuerst hatte sie jeden Tag darauf gewartet, es Zeynep endlich zurückgeben zu können. Und dann, als sie wusste, dass das nicht mehr möglich war, da hatte sie sich entschlossen, Zeyneps Leben mit zu leben. Sie hatte die Krankheit besiegt, die böse Krankheit, den Krebs, der Zeynep besiegt hatte. Sie hatte quasi auch in Zeyneps Namen gelebt und sich niemals unterkriegen lassen. Zeyneps Tod war ihr der Weckruf geworden, nicht aufzugeben. Das Tuch war ihr etwas gewesen wie ein Banner, eine Fahne; ein Mahnruf, siegreich zu sein gegen alles, was da kommen würde; siegreich für sich selbst, Zeynep und alle, denen es schlecht ging und die drohten unterzugehen. Und nun war sie 97 Jahre alt. Wovor hatte sie sich nicht alles gefürchtet in ihrem langen Leben: Vor dem Klimakollaps, vor sozialen Unruhen, vor einem Atomkrieg. Und siehe da: Immer hatte, wenn schon nicht die Weisheit, dann doch der Egoismus und der Überlebenswille der Menschen gesiegt und zuverlässig verhindert, dass die Dummheit alles vernichtete. Es hatte sich doch sehr gelohnt, so alt geworden zu sein und dem eigenen Weg zu folgen. Sie hatte neue Generationen kommen und neue Gedanken denken gesehen; sie hatte nicht alles davon verstanden oder gar gutgeheißen, aber das musste sie ja auch gar nicht. Sie hatte ihr Leben nach ihrer Wahrheit gelebt, und die war gut und richtig gewesen, denn die Welt war davon nicht untergegangen. Das war das Beste, was man Jennifers Meinung nach wohl von einer Generation sagen konnte. Jede Generation hatte in ihren Augen ihre eigenen Aufgaben und ihre eigene Herausforderung. Und das fand sie gut. Sie war mit sich im Reinen, sie hatte nichts zu bereuen, sich für nichts zu entschuldigen. Nur eines, das tat ihr leid, da fühlte sie sich auf eine unbestimmbare, völlig unlogische Art so etwas wie schuldig: Zeynep gegenüber.

Irgendwie konnte sie es sich selbst nicht erklären, aber dass Zeynep so jung sterben musste und sie, die doch eine ganz ähnliche Diagnose gehabt hatte, hatte jetzt fast ein ganzes Jahrhundert erlebt. Warum musste das so sein? Sie, Jennifer, hatte keine Kinder, Zeynep hatte ihre kleine Tochter alleine zurücklassen müssen. Zeyneps Mann war mit dem Kind damals nach Zeyneps Tod Anfang 2023 in die Türkei, nach Antakya, zu seinen Eltern zurückgekehrt, um wieder zu sich zu kommen und irgendwann wieder klare Gedanken fassen zu können. Und dann war nachts das Haus über der ganzen Familie zusammengefallen, als die Erde bebte, und hatte alle getötet, seine Eltern, seine Schwester und deren Familie, ihn selbst, dazu seine und Zeyneps Tochter Gülcan. War das gerecht? Wie hätte Zeynep sich das mit ihrem Glauben erklärt? Jennifer wusste es nicht. 97 Jahre alt und noch immer so viele Fragen, auf die sie keine Antwort gefunden hatte im Leben. So viele Fragen. Und so viele Antworten.

Das war ein Kennzeichen ihres Lebens gewesen: Sie hatte gefragt, gefragt, gefragt. Hatte die Welt mit überaus wachen Augen angesehen und begleitet; hatte sich umgeschaut, überprüft, in Frage gestellt und nie das Ziel aus den Augen verloren: Welt zu gestalten für sich und im Namen Zeyneps. Ärztin war sie geworden, Forscherin, und hatte endlich den Nobelpreis in Medizin erlangt zusammen mit der von ihr gegründeten Forschungseinrichtung, dem Zeynep-Lab. Den Nobelpreis für den Durchbruch in der Früherkennung, der Behandlung und der Prävention von Brustkrebs. Das Firmenemblem zeigte in den Augen der meisten ein Viereck mit Linien an den Rändern und einem Streifenmuster, das einen Microprozessor darstellen sollte, wie sie am Anfang ihrer Arbeit noch in der Forschung verwendet wurden.

Ach, wie dumm. Sie hielt es hier in Händen, das Bild für ihr Lebenswerk: Ein Seidentuch mit Fransen und einem wunderbaren Muster eingewebt. Zeyneps Tuch. Die Fahne des Sieges gegen den Krebs. Ihr Siegesbanner.

Burka
Nikab
vor Chimar
Hidschab
2023

Falsch schwarz und richtig weiß

Ich weiß, was gut ist und was böse, was gut ist und was schlecht. Ich weiß es; es ist durchdacht geprüft, und ich habe keine Fehler mehr darin gefunden, und die, die mir zustimmen auch nicht. Es muss die Wahrheit sein. Die Wahrheit für alle.

Wie ich spreche, ist richtig für alle.

Wie ich esse, ist richtig für alle.

Was ich für richtig erachte, ist richtig für alle.

Auf wen ich höre, soll Lehrer sein für alle.

Wie ich lebe, ist beste Richtschnur für alle.

Ich erlebe keinen Schmerz, wenn Altes vergeht und ersetzt wird durch Neues. Wer also sollte da Verlust erleben? Was nehmen ich und die Guten denn denen weg, die Widerstand leisten? Verlust, den ich nicht erlebe, gibt es nicht; oder er ist schlecht und unwert, erwähnt und empfunden zu werden. Mein Denken ist strahlend hell. Ganz im Licht der reinen Erkenntnis und Wahrheit. Meiner Wahrheit.

Warum dann der störende Widerstand?

So ist die Welt nun einmal, nicht schwarz und weiß in Hautfarben, sondern schwarz und weiß moralisch gesehen: Schwarz gegen weiß, falsch gegen richtig, gut gegen schlecht. Eindeutig. Klar. Logisch. Und wer das Richtige denkt, der ist auf der guten Seite. Wer mir zustimmt, der gehört zu den Guten, der ist im Recht.

Ist Denken in Grautönen daher nicht klar gegen die Wahrheit?

Ist Denken in Grautönen etwa schon klar gegen die Wahrheit?

Kann Wahrheit völlig weiß und Irrtum völlig schwarz sein, aber niemals grau, oder gar bunte Farben? Es muss doch so sein, dass es nur das eine und nur das andere gibt. Schwarz und weiß und nichts dazwischen oder gar darum herum.

Aber sollte man dem Sadisten endlos die andere Wange hinhalten?

Ist Frieden nur dann, wenn nicht geschossen wird, oder muss auch Akzeptanz der anderen Seite zum Frieden gehören?

Gelten gleiche Rechte für alle Menschen, also auch meine Gegner? Ist die Freiheit der Meinung nur die Freiheit einer Seite? Der einzig guten, richtigen? Meiner?

Kann der andere, mein Nicht-Zustimmer, etwa mit irgendetwas recht haben? Und ich unrecht? Kann Grau, kann Farbe, kann die Mitte der richtige Ort sein für die Wahrheit? Nicht nur meiner?

Haben die anderen, die mir widersprechen, etwa sogar das Recht, aufgrund ihres Lebens, ihrer Erfahrungen, ihrer Ideen, ihrer Weltsicht zu anderen Schlüssen zu kommen als ich?

Sollten nur sie mir zuhören, oder auch ich ihnen?

Kann ich mich tatsächlich irren?

Ein Becher der Erkenntnis. Wer ihn voll haben will, verliert alles. Wer denkt, ihm stehe alles alleine zu, der hat am Ende nichts. Ein Lehrer der Mäßigung.

Wenn doch nur...

Langsam trat die Ricke hinaus auf die Lichtung. Sie witterte nach links und rechts und sicherte, bevor sie sich niederlegte. Im Schutz des Buchenwaldes im Taunus bei Frankfurt warf sie im strahlenden Sonnenschein zwei Kitze, die nach kurzer Zeit die ersten staksigen Schritte in das neue Leben wagten.

Mark genoss diesen wunderbaren Morgen. Die Sonne schien herrlich, es war Wochenende und Mark gerade 15 Jahre alt geworden. Genau das richtige Alter, um so richtig mit vollem Gefühl ins Leben zu starten.

Die Kitze waren schon ganz gut auf den Beinen unterwegs und versuchten, sich mit all dem um sie herum vertraut zu machen. Düfte, Bewegungen, Geräusche, alles war so neu.

Die beiden Kitze spielten unbekümmert im noch lichtdurchflutenden Wald des Frühjahres, sorgsam bewacht von der Ricke. Wer ihnen zusah, der musste selbst fühlen, was Lebensfreude bedeutet. Und in den nächsten zwei Jahren wurde zwei stattliche Jungböcke aus den kleinen Kitzen.

Andrea schoss in den Hof, er platzte fast vor Energie. Das sei sein italienisches Temperament, hatte Marks Opa gemeint, als der Kleine Andrea zum ersten Mal zu Besuch kam. Aber das war absolut offensichtlich der totale Quatsch: Nur weil Andrea in einem Dorf in Norditalien geboren worden war und Mark mitten in Offenbach, waren die beiden Jungs sich in nichts unähnlich; erst recht nicht dann, wenn es darum ging ein echter Draufgänger und Chaot zu sein. Ihr Temperament war exakt dasselbe, höchst unabhängig vom jeweiligen Geburtsort. Zwei Vollchaoten, die zusammenpassten wie Hintern und Eimer.

Die zwei jungen Rehböcke, die da einmal auf derselben Waldlichtung das Licht der Welt erblickt hatten, hatten sich längst von Spielkameraden zu Rivalen entwickelt, und der Stärkere hatte längst seinen kleineren Bruder aus dem Revier geworfen. Ein Gefühl wuchs in ihm, das in fast rasend machte, und das ihn alle Vorsicht vergessen ließ.

In den nächsten zwei Jahren wurden zwei echte, naja, wie soll man sagen, Kerle aus den beiden Freunden. Beide gleich angeberisch und beide gleich draufgängerisch. Beide die gleichen Macker, die aller Welt zeigen wollten, was in ihnen steckte, auch wenn der kluge Teil der Welt das lieber gar nicht wissen wollte; denn wirklich beeindruckend war das alles nicht. Hauptsächlich Testosteron schien es zu sein, was in ihnen steckte, und davon deutlich zu viel, um noch gut zu sein.

Mark hatte endlich den Führerschein in der Tasche. Eigentlich nur einen, der für begleitetes Fahren galt. Aber in seinen Augen

Der junge Bock durchstreifte unruhig sein Revier und wusste nicht, was in ihm da diese Unruhe auslöste. Er suchte eine Ricke, und nichts würde ihn abhalten.

war Andrea der weitaus bessere begleitende Beifahrer als seine Mutter, die dauernd etwas auszusetzen hatte. Die alte Frau hatte scheinbar gar nicht verstanden, wie wichtig ein Gaspedal in Wahrheit ist. Für Mark war es der wichtigste Teil des Autos.

Mark lud Andrea ein ins Auto seiner Mutter, die auf der Arbeit weder etwas davon ahnte, dass Andrea nicht in der Schule und Mark nicht in seinem Lehrbetrieb war, noch davon, dass die beiden sich das Auto ausliehen; und ab ging es in den Taunus. Tempobeschränkungen waren etwas für Luschen und Mark war in der Fahrschule einer der besten Praktiker gewesen. Also küsste das Gaspedal das Bodenblech, und Kurven waren dazu da, ausgefahren zu werden.

Der brünstige Bock lief durch den Wald, schnell, immer schneller.

Mark drückte aufs Gaspedal, schnell, immer schneller flog das Auto über die Landstraße hinauf zum Taunuskamm.

Blind vor Brunst rannte der Bock durch den Wald. Er war wie von Sinnen.

Das war ein Leben, das Tempo! Mark schrie vor Glück. 160 auf der Landstraße!

Der Bock brach aus dem Gebüsch am Rande einer Straße…

Andrea schrie noch: „Pass auf, das Reh!"

Der Bock prallte auf Motorhaube und Windschutzscheibe und flog durch die Luft.

Mark riss das Steuer herum und verlor jede Kontrolle über den Wagen und das, was jetzt geschehen würde. Der Wagen hob ab, flog von der Straße und wickelte sich mit einem unfassbaren Geräusch um einen Baum.

Der Rehbock verendete auf der Landstraße.

Andreas Kopf schlug gegen die Seitenscheibe, was ihn sofort tötete. Mark landete im Airbag, bevor er mit der Autoseite gegen den Baum gedrückt wurde. Er konnte noch denken: ‚Wenn doch das blöde Reh nie geboren worden wäre'!

Ob der Unfall tatsächlich deshalb passiert war? Ob das Unglück wirklich daran gelegen hatte, dass vor zwei Jahren auf einer Lichtung im Taunus eine Ricke zwei Kitze geworfen hatte, von denen eines heute zur falschen Zeit am falschen Ort gewesen war? Und sonst an nichts?

Darf ich hoffen?

Ich sehe Dich, siehst du auch mich?

Ich sitze und lerne, doch was soll ich lernen, wenn ich nur dich in meinen Gedanken habe?

Du. Meines Ichs erhoffte vollkommene Hälfte.

Darf ich hoffen?

Die Farbe Deiner Augen, das Leuchten Deiner Haare.

Wie sind wohl die Farben deiner Küsse, wie das Leuchten deines Körpers?

Darf ich hoffen, es zu erfahren?

Ich bin vollständig, auch ohne dich, doch Du vervollständigst mich in unerwarteter Weise.

Du Mensch, erhofft an meiner Seite.

Ich kenne Dich nur aus kleinen Begegnungen, und doch ist jede kleine Zeit mit Dir mein Schatz. Ich weiß selbst nicht, warum und wie.

Wir sprechen kurz, und Du füllst die Welt um mich.

Meine Gedanken vervollständigst du; was ich beginne, ist in Dir beendet. Was ich alleine gut beginne, ist besser vollendet mit Dir.

Du, Vollendung meines Ichs. Mein Selbst ist gut so, wie es ist, und doch machst Du es unwirklich besser. Hoffe ich.

Gefällst Du mir? Du bist so wunderbar in meinen Augen.

Gefalle ich Dir? Kein Bild von mir ist ohne Filter in die Welt entsandt; nur die Bilder an Dich, die sind ungefiltert, wahr, sind ich.

Gefalle ich Dir? Darf ich darauf hoffen?

Ich sehe Dich von ferne und will vor Glück vergehen, obwohl da keine Geschichte ist zwischen uns; noch bist Du Zukunft.

Zukunft bist Du mir. Darf ich auf Zukunft hoffen?

Wenn die Erde verglüht, will ich in Deinen Armen sein, brennen für Dich, Deine Wärme fühlen. Nur nicht alleine.

Wenn Bomben fallen, will ich in deinen Armen sein, Dich bergen, geborgen sein von Dir. Nur nicht alleine.

Wenn der Hass siegt, will ich in Deinen Armen sein. Lieben, geliebt werden. Nur nicht alleine.

Wenn das Leben zurückkehrt, will ich in Deinen Armen sein. Siegen, besiegt sein vom Leben. Nicht alleine.

Wenn die Hoffnung siegt, will ich in Deinen Armen sein. Hoffen, neu erblühen, Dich neu erblühen lassen.

Wir gemeinsam. Du, Mensch an meiner Seite.

Darf ich hoffen?

孿胎正法圖

凡孿胎一ハ側於左而倒首向下一ハ側於右而竪頭向上

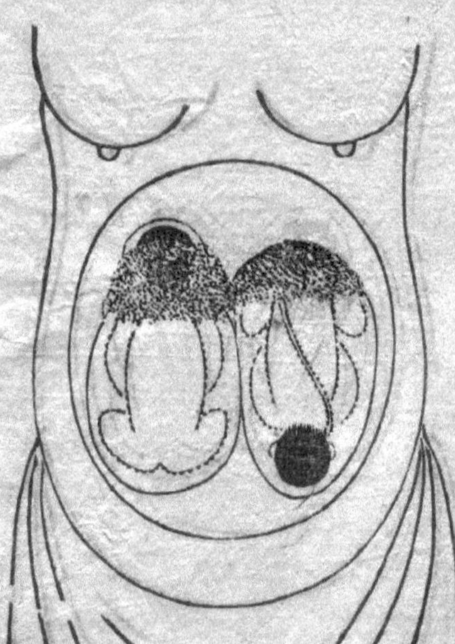

Das Schwangerschaftspausenentgeltgesetz (SPE-Ges)

Zu den besten und überzeugendsten Argumenten dafür, dass Frauen für die exakt gleiche Arbeit nicht dasselbe Geld erhalten dürfen wie Männer, wird immer wieder die Gefahr herangezogen, dass Frauen schwanger werden können. Nun gehört die Warnung vor und die Beseitigung von Gefahren zu den zentralen Leistungen der Politik. Insofern ist es wunderbar zu erfahren, dass das System offenbar gut funktioniert. Die Feststellung und Benennung dieser Gefahr zeugt seitens derer, die sie benannt haben, sowohl von einer fundierten Kenntnis im Bereiche der Biologie als auch von einer feinen Beobachtungsgabe. Es ist herrlich, in einer wirklich sicheren Welt zu leben, in der solche Fachmänner (erstaunlicherweise finden sich in dieser Thematik sehr wenige Fachfrauen) sich um Begründungen für die wirklich wichtigen und bedrohlichen Gefahren kümmern. Da es ja nicht ratsam wäre, die Gefahr, also schwangere Frauen, generell auszumerzen, erhalten Frauen einfach weniger Geld, da das unkalkulierbare Risiko „Schwangerschaft“ ja fortwährend der hilflos ausgelieferten Gesellschaft droht.

Dem kleingeistigen Verstand mag es schwer erscheinen, die Gefahr in einer jeden Schwangerschaft sofort zu verstehen, aber das hier und jetzt zu erklären würde jeden Rahmen bei Weitem sprengen. Dass es aber so sein muss, erklärt sich schon von selbst daraus, dass kluge Männer ja ansonsten nicht zu der Erkenntnis hätten gelangen können, dass Frauen aufgrund dieser Gefahr logischerweise weniger Geld für gleiche Arbeit erhalten müssen. Also ist es als gesetzt zu betrachten und hiermit als feststehender Fakt postuliert, dass Schwangerschaft Gefahr bedeutet. [1]

So lobenswert die Gefahrenprävention auch immer ist, gibt es aber dennoch einen möglicherweise winzigen, aber doch wichtigen Fehler in der Argumentation. Der Autor dieses Textes hat keine Kosten und Mühen gescheut und in einer jahrzehntelangen selbst finanzierten Versuchsreihe den Beweis geführt, dass es immer wieder und teilweise sogar in nennenswerter gleichzeitiger Anzahl Frauen gibt, die zwischen ihrem 15. und ihrem 55. Geburtstag nicht durchgängig schwanger sind, sondern zeitweise echte Schwangerschaftspausen einlegen. Solche Pausen können durchaus länger als eine ganze Woche andauern. Wäre es denkbar, dass der Deutsche Bundestag daher ein dies berücksichtigendes Schwangerschaftspausenentgeltgesetz berät, das den Frauen wenigstens in den Wochen der Schwangerschaftspausen für dieselbe Arbeit dasselbe Geld wie den männlichen Kollegen zugestehen würde? Es wäre ein leichtes, das durch Fragebögen in analoger oder digitaler Form regelmäßig abzufragen und die bewusste Falschauskunft zu sanktionieren. Die klare Unterscheidung zwischen ‚schwanger' (gravide[2]) und ‚unschwanger' (ingravide) wäre ja leicht zu überprüfen und in ihrer Einfachheit auch Frauen im Gefahrenalter zweifellos durch begabte männliche Erklärer vermittelbar, die zu Fachmännern für Schwangerschaft (FfS/Male Experts in Pregnancy, MEiP) ausgebildet werden müssten. Von der Heranziehung

---

[1] s. Carl Mauritz Frey von Dehrn vom Hoff und Marie-Joseph-Paul-Yves-Roch-Gilbert du Motier, Marquis de La Fayette: Pränatale Quasipericulose Narrative; S. 12345 ff.; Paris und Àlatête, 11. Juli - 26. August 1789, ISBN der deutschsprachigen Urausgabe: 9789403610351

[2] Lat.: graviditas = Schwangerschaft

weiblicher Frauenärzte ist abzuraten, da sie sich selbst in einem Stadium der Nichtunschwangerheit (Noningravidität) befinden könnten und daher als möglicherweise befangen zu betrachten wären. Ein solches Gesetz wäre ja im Sinne der Gefahrenvermeidung schon alleine deshalb sinnvoll, weil es für die Sanktionierung der Herbeiführung einer allgemeinen Gefahr für die hilflose Allgemeinheit, die man in einer selbstbestimmten und mithin unkontrollierten Schwangerschaftstätigkeit unbelehrbarer Frauen offenkundig sehen muss, einen tatsächlichen Anreiz stellen würde. Bleibe unschwanger und bekomme mehr Geld! Der gewünschte und wahrhaft förderungswürdige Zustand genereller Unschwangerheit (Ingravidität) würde damit deutlich gefördert und die Frauen in ihrer eigenen und unbeeinflussten freien Willensbildung und Lebensplanung in die gewünschten gesellschaftlich gefahrlosen Bahnen gelenkt.

Angesichts der noch immer in aller Offenheit anzutreffenden völligen Unkenntnis der allgemein drohenden Gefahren, die gerade in Kreisen von unverantwortlich freidenkerischen Frauen anzutreffen ist, muss die Sensibilisierung möglichst bereits im Kindergartenalter in Angriff genommen werden. Die Unsitte selbstbestimmter Gravidität auf Kosten der Allgemeinheit muss ihr Ende finden, und dafür dürfen weder Kosten noch Mühen der informierten und informierenden Männerwelt gescheut werden. Das unentbehrliche Schwangerschaftspausenentgelt muss endlich auf den Weg gebracht und die FfS-Ausbildung unverzüglich begonnen und in der Bevölkerung verankert werden unter dem Schlachtruf:

Wenn Unschwangerheit im Herz dir klingt,
das Geld dir in die Kasse springt!

So würde auch endlich die bekanntermaßen rein männliche Domäne des logischen Denkens in Bezug auf Schwangerschaft ihren Weg in die Lebensrealität der Frau finden. Was könnte im Sinne der allgemeinen Gefahrenabwehr wünschenswerter sein?[3]

[3] Dieser Text ist als streng wissenschaftlich zu betrachten, da der Verfasser Fußnoten setzt, wichtige Abkürzungen selbst konstruiert und neu einführt, Englisch kann, Literaturangaben macht, lange Sätze bildet und mittels lateinischer Fremdwörter fachmännisch unverständlich schreibt.

Vom Recht auf Wissen

Christians Blick ruhte auf dem Bildschirm vor sich. Gerade war ein neuer verschlüsselter Datensatz aufgegangen, wieder eine Krankmeldung. „Dann wollen wir mal!“, sagte er bedeutsam, verschränkte die Finger seiner Hände ineinander, um die Gelenke zu lockern und beugte sich vor. „Mal sehen, was es heute so alles gibt, am 23.10.2050.“ Er loggte sich ein und öffnete den Fall. „Ach du meine Güte, der Ärmste!“, stieß er hervor und sah nach links zu seinem Kollegen Frank, der sich auch um Fälle zu kümmern hatte. „Der hat eindeutig Krebs, sagt sein Chip. So ein Pech. Bauchspeicheldrüse. Nix zu machen. In zwei, drei Monaten ist der tot. Ich lege ihn mal auf Benachrichtigung für, na sagen wir mal, heute in acht Wochen. Dann kann er sich noch kurz verabschieden.“ Christian grinste den Älteren an. Mit seinen 19 Jahren war er der deutlich Jüngste im Team und galt aufgrund seines sportlichen Körpers und seiner braunen Haare mit Naturlocken und seinen fast unwirklich blauen Augen als der absolute Sunnyboy der ganzen Gesundheitsbehörde. Seitdem die Firmen Ämesen und Guhgl die Staaten der ehemaligen Europäischen Union übernommen hatten, wurde auch bei den Angestellten der Behörden auf das Aussehen geachtet.

Frank war schon länger dabei und hatte noch als einer der Letzten Beamtenstatus erhalten, als er mit 18 beim Gesundheitsamt angefangen hatte. Das sicherte ihm auch heute als inzwischen Angestelltem eine fast unkündbare Stellung, auch wenn er nicht den Anforderungen der neuen Eigentümer Europas entsprach. Er war deutlich zu dick für seine 49 Jahre und hatte schon viele graue Haare. Trotzdem konnte er seit Jahren nicht gekündigt werden. Sehr zum Ärger der Firmenzentrale durften die ehemaligen Beamten nämlich auch nicht aufgrund ihrer Vitaldaten, die seit der weltweiten Coronapandemie 2021 gesetzlich verpflichtend von jedem Bürger per Smartwatch, Fitnesstracker oder seit 2027, der Übernahme der Staaten der EU durch die Privatfirmen, von den vorgeschriebenen, bei der Geburt implantierten, Chips in der rechten Hand ununterbrochen erhoben und gespeichert wurden, entlassen werden. Während alle anderen Beschäftigten längst nachzuweisen hatten, dass sie nichts aßen, was nicht erlaubt war, sich regelmäßig sportlich betätigten und sich anhand ihrer automatisch erhobenen Blutwerte als gesund und damit zuverlässig ausweisen mussten, traf das für Frank nicht zu. Er aß deshalb noch weiterhin Fleisch, wann es ihm gefiel und so oft er es auf dem Schwarzmarkt bekommen konnte. Da ging zwar ein gut Teil seines Einkommens für drauf, aber das war es ihm wert. Sogar Bier trank er noch. In den letzten Jahren war es ihm sogar dreimal gelungen, an Wein zu kommen; zweimal an weißen und einmal, man sollte es nicht glauben, sogar an australischen Rotwein. Die Schmuggelpreise machten ihn zwar praktisch unbezahlbar, aber Frank hatte drei Monate auf das Glas gespart. Seine Chefin Elisa hatte im Moment des Geschmacks von Alkohol in seinem Mund eine Warnmeldung auf ihre Smartwatch bekommen, mit Namen des Täters und genauem Aufenthaltsort; aber sie war zu weit weg gewesen, um sofort hinzufahren und ihn zur Rede zu stellen. Elisa hatte ihn sich dafür sofort am nächsten Morgen vor allen Kollegen vorgeknöpft und ihm ordentlich zu verstehen gegeben, dass die Messung von Alkohol in seinem Blut durch seinen Chip für jeden anderen ernste Konsequenzen gehabt hätte und dass er sich nicht zu sicher sein solle, dass die Gesetze nicht irgendwann den Firmeninteressen und damit den Interessen der Allgemeinheit angepasst werden würden. Elisas Augen hatten dabei ungut gefunkelt. Sie war gerade einmal 23 und schon Leiterin der Gesundheitsbehörde der Vereinigten Firmen von Europa. Sie war ehrgeizig, überzeugt von der Firmenideologie und zu jung, um sich noch an die Zeiten der Freiheit erinnern zu können. Für sie war es normal, dass ihre Smartwatch alles erfasste und ihren Standort millimetergenau meldete; dass nicht nur in ihrem Haus alle Räume mit dem Internet verbunden waren, sondern auch ihre Mietwagen jede ihrer Bewegungen registrierten und ihr namentlich zuordneten. Sie empfand es als wunderbar, dass in ihrer Uhr, in jedem Raum und in jedem Auto Alexandria mithörte und alles über sie wusste. Niemand hätte ihr erklären können, was der Vorteil oder der Nutzen einer unbeobachteten Privatsphäre hätte sein sollen. Sie kannte das noch aus irgendwelchen Erzählungen ihrer Kindheit; aber heute war es längst so, dass sie nicht mehr wusste, was sie kaufen sollte, denn das machten ihr Kühlschrank, ihr Kleiderschrank, ihr Schuhschrank und ihr Badezimmerschrank für sie. Ihre Eltern hatten noch gemeint, dass außer ihrem Hausarzt niemand sonst wissen sollte, welchen Blutdruck sie hatten. Aber Elisa war da moderner. Sie wollte gar nicht, dass ihre Krankenversicherung nicht wusste, wie oft sie im Fitnessstudio war und welche Übungen sie da wann machte, denn damit erhielt sie Bonuspunkte.

Elisa kannte das Wort „Autounfall“ fast nur noch theoretisch. Die E-Autos fuhren vernetzt und das ging nur, wenn sie miteinander kommunizierten, also einander über jeden anderen informierten. Gestartet wurden sie per Fingerabdruck. Sie hätte es merkwürdig gefunden, wenn niemand gewusst hätte, wie schnell sie wo fuhr, denn das brachte ihr Bonuspunkte. Sie wollte unbedingt, dass alle Welt wusste, was sie einkaufte und dass das mit der gegenwärtigen Lehre vom derzeit gesunden Essen übereinstimmte, denn das brachte ihr Bonuspunkte. Sie legte Wert darauf, mit ihrem Fingerabdruck und ihrem Augenscan alle Türen öffnen zu können, denn das gab ihr ein Gefühl der Sicherheit. Sie empfand das alles als unfassbar bereichernd und absolut nützlich. Denn das war der Inhalt ihrer Religion.

Ämesen und Guhgl folgten den Regeln des Utilitarismus. Für sie bestimmte reiner Nutzen eine extrem simple Restethik, und die große Mehrheit der Bevölkerung sah das auch so. Die Zahl der Einbrüche tendierte gegen Null, wie die aller Straftaten. Mit den gesetzlich vorgeschriebenen Chips in der Hand war immer nachzuvollziehen, wann wer an welchem Tatort gewesen war; die allgegenwärtige Alexandria hatte alle Gespräche aufgezeichnet und jede Stimme sicher identifiziert. Mit den Chips unter der Haut hatte man die gesetzliche Verpflichtung, immer und überall eine Smartwatch zu tragen, abschaffen können. Die Chips lieferten mehr und bessere Daten. Jede Erregung, jeder Anstieg von Puls und Blutdruck waren jetzt für alle Zeiten sicher gespeichert und mit den GPS-Daten war jeder Täter sicher zu überführen, Sekunden nach der Tat. Flucht war sinnlos. Die Uhren hatte man noch ablegen können, die Chips nicht mehr. Die neueste Generation saß nicht mehr in der Hand, sie saß am Rückenmark. Man konnte fliehenden Tätern die Beine per Knopfdruck versagen lassen. Man konnte ihren Willen zur Flucht unterdrücken. Und obwohl Smartwatches nicht mehr verpflichtend waren, legte niemand sie ab. Man hätte sich verdächtig gemacht. Wer nicht zuließ, dass die Firmen alle Möglichkeiten nutzten, die die Technik ihnen und damit der Allgemeinheit bot, der musste etwas zu verbergen haben. Der war gefährlich. War ein Feind. So jemand, so ein Nicht-Smartwatchträger, starb schon einmal unvorhergesehen. Es war ja besser für die Mehrheit.

Elisa sah auf den Bildschirm, auf dem zur Entspannung alte Filme liefen. Aus irgendeinem Grund hatte irgendwer gemeint, heute mal ‚Schindlers Liste' aus der Versenkung holen zu müssen. Gerade war zu sehen, wie Ben Kingsley als jüdischer Geschäftsführer ein Arbeitszeugnis fälschte. Er hatte soeben eine Tasse Tee darüber ausgeschüttet und das Papier zerknittert. „So was", meinte Elisa. „Das ist ja verrückt. So was würde es heute gar nicht mehr geben." Frank sah sie an, sagte aber nichts. Elisa schaute zurück. „Sehen Sie zu, dass Sie das alles bis heute Abend hinbekommen. Ich habe Sie im Auge!", raunzte sie und verschwand in den Nebenraum.

„Ja, da hat sie recht!", meinte Frank leise zu Christian. „Das würde es heute gar nicht mehr geben. Wenn du heute ein Dokument fälschst, dann kannst du dir den Tee sparen oder ihn genüsslich trinken. Den brauchst du nicht mehr. Nichts fälscht sich so sicher und unsichtbar wie Bits und Bytes. Was du da geschickt veränderst, das ist unsichtbar geändert. Ein Blatt Papier zeigt jede Veränderung gegenüber dem Urzustand, aber ein digitales Dokument? Als nächster Hitler würde ich Bücher verbieten und nur kostenloses Internet zur Verfügung stellen, in dem ich jeden Tag so viele Seiten umschreiben lasse, wie ich will. Nur keine Originale mehr, digitale Kopien reichen doch völlig, wenn ich das Volk betrügen und verdummen will! So wie in China." Christian starrte den Kollegen verständnislos an. „Bist du bescheuert?", blaffte er ihn an. „Es gab noch nie eine so sichere Welt wie die digitale! Und was soll das blöde Geschwätz von diesem Hitler! Da habe ich erst vorgestern einen Bericht gesehen, dass der nie gelebt hat, sondern eine pure Erfindung der Libristen ist. Läuft auf Kostenlose-Geschichte-fuer-alle.org, da kannst du es selbst nachschauen. Spinner!" Die Libristen, natürlich! Die Buchverteidiger, die Feinde der Gesellschaft! Frank zuckte zusammen. Menschen, die in ihren Häusern Bücher hüteten, um sie zu lesen, und die ihnen mehr vertrauten, als den offiziellen Informationen der Vereinigten Firmen von Europa im Neu-Internet, das zentral mit Inhalten versorgt wurde. Private Homepages gab es nicht mehr. Noch waren die Libristen nicht als Terroristen gebrandmarkt, noch nicht verboten, aber es lag in der Luft. Der Besitz von Büchern würde demnächst als Recht gestrichen werden. So wie in „Fahrenheit 451". Frank verstand, dass er eben nicht die Zukunft beschrieben hatte, sondern seine Gegenwart. Es brauchte keinen Hitler mehr; der wäre ja sterblich und damit gefährlich für das Weiterleben der Idee. Firmen überdauern da viel länger.

Frank konnte sich noch an die Zeiten erinnern, als man noch wählen konnte, ob man alles über sich mitteilen wollte. Als Gläsernsein noch eine freigewählte Option war. Heute war es längst verlangte und geforderte Bürgerpflicht. Seitdem das Bargeld verboten und abgeschafft worden war, war jede selbstbestimmte und unkontrollierte Lebensweise unmöglich geworden. Sein Fleisch und seinen Wein bezahlte er ja auch nur noch mit Naturalien, im Tauschhandel, weil der nicht nachvollziehbar war, wenn er außerhalb der Kameras geschah. Frank hatte Wein und Fleisch im Wald erhalten und bezahlt, in der Nacht, wie ein Drogendealer vergangener Zeiten. Er wusste: Er war deshalb ein Krimineller, weil er nicht wollte, dass jeder alles über ihn wusste. Und das würde ihm irgendwann einmal das Genick brechen. Irgendwann. Zumindest in beruflicher Hinsicht.

Frank zitterte leicht. Wieso hatte er seinen blöden Mund nicht halten können? Er wusste doch, wie alleine er mit seinen Ansichten und Gedanken in der Jetztzeit war! Früher, als man allgemeine Überwachung noch allgemeine

Überwachung nannte und nicht mit öffentlicher Sicherheit verwechselte, da hätte er noch Zustimmung gefunden. Aber heute? Christian hatte ein Leben in Freiheit und Selbstbestimmung nie wirklich kennengelernt. Er konnte es nicht ernsthaft vermissen. Franks Blick wanderte zu Christians Bildschirm hinüber. Darauf noch immer das Gesicht eines blassen jungen Mannes um die 20, der nur noch wenige Wochen zu leben hatte und nichts davon ahnte. Und nicht wusste, dass andere, der Staat, die Firmen, durch seinen Chip längst wussten, dass er sterben würde. Sie würden ihn sterben lassen.

Frank sah nachdenklich zu seinem Kollegen hinüber. „Sollte er es nicht doch wissen?“, fragte er, aber ein Blick in Christians Augen zeigte ihm, wie sehr sich ihr Denken unterschied. Er, Frank, war die alte Welt, Christian die neue. „Warum?“, fragte der junge Mann zurück. „Was würde es ihm bringen? Er stirbt und er verursacht der Allgemeinheit heute endlich viel weniger Kosten als früher, als er noch selbst bestimmt hätte, ob er sinnloserweise noch ins Krankenhaus geht und Ressourcen verschwendet, die ihm nichts mehr nützen werden. Das ist doch gut so! An seinem Tod würde alles nichts ändern.“ Frank versank für einen kurzen Moment im Schweigen. „Gibt es denn kein Recht auf Wissen?“ Christian verstand den Gedanken offensichtlich nicht. „Doch“, antwortete er, „das gibt es natürlich und wird doch auch angewandt. *Wir* wissen es doch. Und wir dürfen es doch wissen. *Wir*, die Firmen hinter uns und der Staat, der den Firmen gehört. Wir dürfen wissen und wissen es. Alles.“

Frank schloss die Augen. Er dachte lieber nur noch leise. ‚Ich habe doch *ihn* gemeint. Ob *er* nicht das Recht hat, Bescheid zu wissen. So, wie es einmal war.‘ Aber laut sagte er das lieber nicht. Der Patient *würde* es ja erfahren. Irgendwann würde auch er es wissen, dass er sterbenskrank war; dann, wenn es für die Gesellschaft am billigsten und damit am nützlichsten wäre. Und für ihn endgültig zu spät. Frank schluckte tief. Es war besser, wenn niemand von seinen Gedanken wusste. Er konnte nur noch hoffen, dass er nicht im Schlaf redete. Sonst würde sein Schlafzimmer ihn verraten. Denn Alexandria wurde ja in jedes Zimmer eingebaut. Immer. Gesetzlich vorgeschrieben ohne Wahlfreiheit. Kostenlos. Zumindest dann angeblich kostenlos, wenn man den Preis für alles nur in Geld berechnete. Frank wusste, wie teuer alles in Wirklichkeit war. Er wusste es und er schwieg. Er wollte nützlich sein dürfen, um leben zu dürfen. Schweigen kann so nützlich sein.

Judith

Joan Whitmore war begeistert. Von ihrem Fenster aus blickte sie direkt hinüber auf die andere Straßenseite auf die neue Statue. Eine mittelgroße Bronzestatue, über Nacht aufgetaucht, wie so viele Kunstwerke in den USA und weltweit in den letzten Jahren, von Banksy, von anderen Künstlerinnen und Künstlern, die oft namenlos blieben; und thematisch so neu; so wie in New York das Furchtlose Mädchen, das dem Bullen trotzt, die Nonne Francisca Xaviera Cabrini und die Medusa mit dem Kopf des Jason. Nicht bestellt, nicht genehmigt, von der Öffentlichkeit nicht bezahlt. Eine überlebensgroße Frau mit einem Schwert in der rechten, einem bärtigen Kopf in der linken Hand. Herausfordernd lächelnd sah sie die Menschen an, die ihre Blickachse kreuzten. Sie trug eine antike Toga, der Faltenwurf war überaus gelungen; wie nicht aus Metall, so schmiegte sich der fast transparent wirkende weiche Stoff um ihre weiblichen Körperformen. Wer sie berührte, meinte sicher, Seide zu spüren. Die Haut wirkte wie lebend, als könne Blut durch sie strömen und als müsse sie warm sein, nicht kühl wie Bronze. Ein Sinnbild für die Frau an sich war sie in Joans Augen, für die befreite Frau, die sich gegen die Männer erhoben hatte und der Herrschaft der Bartträger den Kopf abgeschlagen hatte. Endlich. Endlich frei. Free at last, so schoss es Joan durch den Kopf.

Sie setzte sich vor ihrer Haustür auf der Veranda in die typische Südstaatenschaukel und sah über die Straße hinüber zu der jungen Frau auf dem Sockel, die den Kopf des Mannes nicht triumphal in die Höhe reckte, wie es wohl ein Mann getan hätte, der den Tod seines Feindes hätte hinausbrüllen müssen. Nein, die Frau stand da, ruhig, würdevoll und unendlich überlegen. Und dennoch war der Männerkopf nicht zu übersehen. Der Sieg der Frau war endgültig und sprach für sich selbst. Joan genoss den Anblick. Die Aussicht von ihrer Veranda hatte sich über Nacht deutlich verbessert. Und das, obwohl es gerade Mai war und die umliegenden Gärten in prachtvollsten Farben erblühten. Wobei der prächtigste, auch in den Augen aller Nachbarn, ihr eigener Garten war, in dem alles blühte, was die Alte und die Neue Welt an Schönheiten zu bieten hatte. Sogar gelbe Pfingstrosen aus England standen hier in einem inzwischen üppig wuchernden Busch. Sie waren Joans ganzer Stolz. Pfingstrosen waren selten in Walnut Grove/Mississippi.

Zufrieden schloss Joan die Augen und begann, in der ruhigen Auf- und Abbewegung ihres Schaukelstuhls durch die Zeit zu reisen. Sie dachte zurück an den großen Tag ihres Lebens, als sie, Joan Whitmore, in einer unzählbar großen Menschenmenge in Washington D.C. vor dem Lincoln Memorial gestanden hatte und einer eigentlich langweiligen abgelesenen Rede lauschte; langweilig bis zu dem Punkt, an dem der Redner sie sich gerade ausdachte, frei improvisierte, auch wenn niemand der Umstehenden das bemerkte. Genial war sie, diese Rede und unvergesslich. Es war der 28. August 1963 und der Redner war Dr. Martin Luther King, der es wagte, zu träumen. Und Joan träumte seit diesem Tag auch.

Sie träumte von der Befreiung aller Menschen, insbesondere der Frauen, der Schwarzen und der schwarzen Frauen. Sie selbst war zwar weiß, dem Äußeren nach, aber das hatte ihr im Leben nicht immer etwas genutzt. In den sechziger Jahren des 20. Jahrhunderts in Mississippi aufzuwachsen in einem Ort, in dem jeder wusste, dass ihr Großvater mütterlicherseits ein halber Schwarzer und ein Viertel Choctaw gewesen war, das hatte das Leben bitter gemacht. Die Menschen hatten Hautfarbe nicht als Äußerlichkeit angesehen, sondern als inneren Wert: Nicht die Farbe der Haut galt ihnen als „verdorben“, sondern die Qualität des Blutes. Sie war ihren Nachbarn, und insbesondere ihren Nachbarinnen, nicht weiß und damit „rein“ genug gewesen. Die anderen Kinder hatte man von ihr ferngehalten. Und als „Mischling“ hatte sie zwischen allen Stühlen gesessen, ihr langes Leben lang. Den Weißen war sie nicht weiß genug und den Schwarzen nicht schwarz genug gewesen. Die einen wollten nicht, dass sie ihre „Unreinheit“ auf die „wirklich weißen“ Kinder übertrug, die anderen sahen in ihr nur die, die nicht schwarz war, sondern privilegiert. Nicht einmal die Schule war für sie ein sicherer Ort gewesen, denn die Weißen wollten sie eigentlich nicht auf einer der Ihren dulden, die Schwarzen aber erst recht nicht auf einer rein schwarzen Schule. Denn so sehr die kleine Joan auch unter den Blicken und den Sprüchen und den Gedanken der weißen Nachbarn gelitten hatte: Optisch war sie weiß, und das machte das Leben so unendlich viel leichter, als eine dunkle Hautfarbe es machte. Selbst die Choctaw gingen ihr aus dem Weg, obwohl sie strenggenommen Stammesmitglied war, aber auch die Indianer hatten ihre eigene Geschichte. Die Stämme der Cherokee, Choctaw, Chickasaw, Seminolen und Muskogee hatten sich schon früh so sehr auf die Seite der Weißen gestellt, dass sie als Farmer sogar schwarze Sklaven gehalten hatten, wenn sie zu Vermögen gekommen waren. Die Weißen hatten sie deshalb als die Fünf Zivilisierten Nationen angesehen, was aber keinesfalls hieß, dass sie die Indianer in irgendeiner Weise als gleichwertig angesehen hätten. In ihren Augen waren diese ehemaligen „Wilden“ nur auf einem guten Weg, nichts weniger als das, aber auch nichts mehr.

Und Joan war in ihrer Person die Mischung dieser komplizierten und nie auch nur ansatzweise aufgearbeiteten Gemengelage hier im Bundesstaat Mississippi. Sie war die Mischung, die 89 Jahre lange darunter gelitten hatte, die Mischung zu sein, und sie war es leid. So leid. So unendlich leid. Und nun stand da die Hoffnung, in Bronze gegossen. Gegenüber ihrer Veranda. Endlich.

Joan schloss genüsslich die Augen. Sie hatte die Rede von Pfarrer King damals auch so gut verstanden, weil King sie gespickt hatte mit Zitaten; aus der Bibel, von Shakespeare, von allem und jedem. King war ein gebildeter Mann gewesen und seine Reden voll mit Anspielungen auf andere Texte, weshalb sie vielleicht oft auch ein wenig langweilig geraten waren. Und Joan war immer schon eine gebildete Frau gewesen, und stolz darauf. Sie war stolz darauf, Anspielungen verstehen zu können, die eine klassische Bildung voraussetzten. So wie diese Statue.

Joan lächelte, als sie die Frau betrachtete. Eine Frau mit dem Kopf eines Mannes in der Hand, das war eine Frau aus der Bibel. Judith. Eine Frau, die in den Bibeln der Protestanten fehlte. Nur die Bibeln der Katholiken und orthodoxen enthielten noch dieses Buch, in dem eine freie Frau ihr Volk von einer Bedrohung befreite, indem sie den Feldherren der Feinde in eine weibliche Falle lockte und ihm in seinem eigenen Zelt den Kopf abschlug. Eine Heldin, der hier endlich einmal ein würdiges Denkmal gesetzt worden war. Endlich einmal eine Frau, die die Männer in die Bahnen gewiesen hatte und dafür mit weitgehender Vergessenheit gestraft worden war. Bis heute. Bis hier.

Ein solches Denkmal sollte man eigentlich ehren, schoss es ihr durch den Kopf. Ihr Blick wanderte durch ihren herrlichen Garten.

Die englischen Pfingstrosen. Ja, die sollten es sein. Die hatte Judith sich verdient damit, dass sie für die Rechte der Frauen und Unterdrückten gekämpft und gesiegt hatte. Entschlossen stand Joan auf, ging ins Haus und holte ein scharfes Messer. Sie schnitt einen ganzen Arm voll der schönsten Blüten, die schon offen aber noch nicht ganz geöffnet waren. Ein prüfender Blick, ob die Gabe der zu Ehrenden angemessen war; und mit festem Schritt und stolz erhobenem Haupt schritt die alte Dame in ihrem besten Kleid mit ihrem Sonntagshut über die Straße und näherte sich ehrfürchtig und stolz der wunderbaren Statue. Andächtig verharrte sie fast zwei Minuten und sah Judith fest in die Augen. ‚Ich danke dir!', dachte sie bei sich und sah sich um, wo die Blumen wohl am besten wirken würden. Dabei fiel ihr Blick auf ein Detail der Statue, das sie bisher gar nicht bemerkt hatte.

Am linken Fuß der Figur war noch etwas, das man von der Straße aus kaum erkennen konnte. Da lag eine runde Scheibe, wie ein großer Teller oder eine Servierschale. Und wenn man genau hinsah, dann hielt Judith das Schwert nicht fest in der Hand, sondern mit Daumen und Zeigefinger so, als ekele sie sich davor. Joan war verwirrt. Wieso stand Judith so merkwürdig da? Sie war so auffallend jung und sorglos in ihrem Gesichtsausdruck, dass...

Joan erstarrte. Fast wurde ihr schwarz vor Augen. Unfassbar. Sie kam sich so dumm vor mit ihren Pfingstrosen. Judith? Judith??? Nein, unfassbar, die Statue zeigte nicht Judith. Sie zeigte...

...Salome. Die unbedarfte dumme jugendliche Mörderin von Johannes dem Täufer. Die einen Heiligen mit einem Tanz dem Tod überantwortet hatte. Eine Verbrecherin.

Joan musste sich auf die Lehne der Parkbank stützen, die neben einer großen Magnolie stand und den Blick direkt auf diese furchtbare Figur zu richten ermöglichte. Unfassbar. Nur unfassbar. Wie konnte man nur eine Sitzmöglichkeit einrichten, um solchen frauenverachtenden Schmutz zu betrachten? Noch dazu war die Statue aus der Nähe betrachtet extrem hässlich. Der Faltenwurf war primitiv, das Gesicht unsagbar beleidigend für jede Frau, die Proportionen stimmten hinten und vorne nicht. Und dahin wollte sie allen Ernstes ihre wunderschönen gelben englischen Pfingstrosen legen? Sie konnte nicht ganz bei Trost gewesen sein. Und sie ärgerte sich über sich selbst. Ihre Bildung, ihre Kenntnis der Kunstgeschichte, Literatur und biblischen Geschichten, nichts hatte sie davor bewahrt, hier in die Falle zu tappen. Sie war betrogen worden. Hier wurde keine Heldin geehrt, sondern eine Frau, für die sich alle Frauen schämen sollten, schämen mussten. Dieses hässliche Denkmal war keine Darstellung des Sieges einer Frau, sondern eine Verhöhnung aller Frauen, die sich für das Gute einsetzten. Das Schandmal musste weg, Joan Whitmore war zum Kampf bereit. Wie konnte man nur so etwas hier aufstellen? War das überhaupt genehmigt worden? Konnte denn jetzt jeder hergehen und einfach hässliche sogenannte Kunst im öffentlichen Raum platzieren, wie es ihm gefiel? Das musste rückgängig gemacht werden, jetzt sofort. Wäre es eine Judith gewesen, dann ja, dann wäre es Kunst, aber eine Salome? Nein.

Joan sah noch einmal der Salome in die Augen. Sie hatte sich etwas gefangen und betrachtete die Figur doch noch einmal aus der Nähe. Sie ging langsam um die Figur herum und berührte sie sogar mit der linken Hand. Eigentlich war genau diese Statue das, was Walnut Grove so dringend gebraucht hätte. Kunst wie in New York. Etwas, das ein Hingucker war, an dem man sich hätte verabreden können. Etwas für auf Postkarten und auf die Homepage des Ortes im Internet. Ein Platz, an dem man sich im Sommer zu Lesungen und einem Basar hätte verabreden können. Aber zu Gast bei Salome?

„Warum nur bist du Salome? Warum nicht Judith?", seufzte Joan, drehte sich um und ging entschlossenen Schrittes über die Straße nach Hause. Hier war ein Kampf zu kämpfen und sie würde ihn beginnen. Einen gerechten Kampf. Einen Kampf für die Frauen. Für die Gerechtigkeit. Für das, was gut war. Nicht alles durfte im öffentlichen Raum stehen, nein, nicht alles. Judith musste es sein. Judith. Nicht Salome.

Judith tötet im Alten Testament einen feindlichen Feldherren, indem sie ihm den Kopf abschlägt, und rettet so die Israeliten. Salome tanzt für ihren Stiefvater König Herodes, den Sohn des Kindermörders von Bethlehem, und wünscht sich dafür als Preis den Kopf Johannes des Täufers, eines christlichen Heiligen. Sie gilt deshalb als negativer Gegenentwurf zu den starken Frauen in den monotheistischen Religionen: Heldinnen wie Ruth, Esther, Debora, Hulda im Alten Testament, oder im Neuen Testament Maria mit ihrem Lobgesang, die Frauen am Grabe Jesu und Maria Magdalena; oder Lydia, die erste Christin Europas, wie auch Chadija im Islam, die beide in einer reinen Männerwelt gegen alle offiziellen Regeln selbstständige Firmeninhaberinnen und Händlerinnen waren. Frauen, die alle zu ihrer Zeit für ihre Klugheit berühmt waren und Dinge wagten, die sich die Männer nicht zutrauten. Keine Frau sollte sich einreden lassen, es gäbe keine Vorbilder für sie in allen Kulturen und Zeiten der Menschheitsgeschichte. Da wäre Hildegard von Bingen, Grace Hopper, Roswitha von Gandersheim, die Sarraounias in Zentralafrika, Kaiserin Theophanu, Maria Sibylla Merian, Frida Kahlo, Else Lasker-Schüler, Shirley Ann Jackson, Marie Curie, Sophie Scholl, Rosalind Franklin, Lisa Meitner, Paula Modersohn-Becker, Selma Lagerlöf, Bettina von Arnim, Suffragetten, Elisabeth I., Bertha von Suttner, Ada Lovelace, Olympe de Gouges, Annette von Droste-Hülshoff, Rosa Luxemburg, Georgia O'Keefe, Anne Frank, Emmy Noether, Niki de Saint Phalle, Astrid Lindgren und so viele andere. Es könnte sich lohnen, sich auf die Suche zu machen und so unendlich oft fündig zu werden.

Im langen Flur

Warm der Tag im Hof, warm umschmeichelnd die Sonne, die Luft, jeder Windhauch auf der Haut; die Hängematte, jetzt im Sommer der ideale Ort zum Sein. Zum einfach nur sein. Und zum wegdösen, einschlafen, genießen, sorgenfrei sein. Und im Schlaf ein Traum.

Ein Haus auf einem Hügel; ein großes Haus, wie in einem amerikanischen Film. Bretterwände; eine Tür, die sich öffnet; dahinter Dunkel. Und der unbezwingbare Wunsch, hinein zu gehen. In einem Flur stehen, einem endlos langen Flur; viel länger, als das Haus sein kann, in dem er geträumt wird. Und plötzlich nicht mehr der Träumer sein; plötzlich einen anderen dort sehen; einen, der alleine dort im Flur ist. Einen und viele andere.

Nathan ging durch einen langen Flur: Der war wie verrückt gebaut, immer nur Ecken, eine an der anderen; wie ein Fernrohr ineinandergesteckt wird, so war auch dieser Flur. Je weiter man ging, desto weiter standen die Wände auseinander, denn keine einzige Ecke sprang vor; nein, sie alle sprangen zurück. Nathan war 21, groß, drahtig, dunkelgelockt und hatte Kontaktlinsen, da er alles vermied, was ihn nicht so erscheinen ließ, wie er sich selbst sah: Perfekt. Jung war er, gesund und stolz darauf, den Flur mit schnellem Schritt zu durchmessen, ja, rennen zu können. Von seinen Eltern, einer Bankerin und einem selbstständigen Bootsbauer, hatte er gelernt, sich durchzubeißen; Ziele sich nicht nur zu setzen, sondern sie auch zu erreichen. Am Ende des Flures sah er einen großen Stapel Geld, auch auf dem Weg immer wieder einige größere Scheine, die er einsammelte und mit sich trug. Er hatte immer davon geträumt, reich zu sein, und siehe da: Dieser Flur erfüllte ihm diesen Wunsch. Und je mehr er sich anstrengte, desto näher kam er dem ganz großen Geld, das am Ende des Flures auf ihn wartete. Und wirklich, das Geld wich nicht zurück wie sonst im Traum; es blieb da, wo er es sehen konnte und er kam immer näher heran. Er genoss dabei das Tempo, seine Kraft, seine Leichtigkeit. Je länger der Flur dauerte, desto langsamer wurde Nathan zwar, aber er war noch immer gut zu Fuß. Die Wände waren inzwischen so weit zurückgewichen, dass Nathan Probleme gehabt hätte, eine davon zu erreichen. Da blieb er stehen, um sich zu verschnaufen. Jetzt, hier, am Ende des Flures, einen Schritt entfernt von dem Geld, auf dessen ersten Scheinen er schon stand, drehte Nathan sich um und schaute zurück. Und plötzlich sah er nicht mehr auf einen Flur, sondern auf eine endlose Reihe angelehnter Türen, die er alle hätte öffnen können, jede einzelne. Er hätte nur stehenbleiben und sich umsehen müssen. Nathan war fassungslos. Er wollte gerne den Flur zurückgehen, denn er hätte zu gerne gewusst, was sich hinter den zahllosen Türen verbarg, aber er konnte es nicht. Mit jedem Schritt, den er zurück zu machen versuchte, stieß er immer stärker gegen einen unsichtbaren Widerstand. Er konnte nicht einen einzigen Millimeter zurück gehen. Nathan kämpfte und kämpfte, verbissen wollte er es erzwingen, doch er spürte, er war nicht mehr der junge Mann, als der er hereingekommen war. Er sah verzweifelt zurück den Flur entlang und musterte eine jede Tür, eine nach der anderen. Aus der einen drang Musik, aus einer drang ein herrlicher Duft, aus einer drang Kinderlachen. Hinter zweien oder dreien sah er verschwommen Parks oder Läden, in denen eine junge Frau stand, die ihm hätte gefallen können. Hinter einer der Türen schien ein Feuer zu brennen, eine verströmte die Kälte des Todes, eine barg offensichtlich bodenlose Furcht und aus einer klang Schreien und das Geräusch fallender Bomben. Und eine jede hätte er öffnen und durchschreiten können. Nathan wurde es fast schwarz vor Augen; er schwankte und wollte sich festhalten, aber sein Griff ging ins Leere und er stürzte. Auf dem Boden liegend sah er seine Hand und siehe da: Es war die Hand eines alten Mannes. Nathan sah an sich herunter, griff sich ins Gesicht, erfühlte seine Falten und die Brille, die er nicht getragen hatte, als er den Flur betreten hatte. Und seine Finger griffen in die Geldbündel, die an der Wand hinter ihm gestapelt waren. Er war am Ziel. Und er verstand: Der Flur, dieser eine Flur, war sein Leben gewesen. Er hätte hinter jede einzelne der unzähligen Türen sehen, durch jede hindurchgehen können, aber er hatte es nicht getan. Er war immer zielstrebig gewesen; jedes Stehenbleiben, jedes Abweichen, jedes Rechts und Links waren ihm als Zeitverschwendung erschienen: Er wollte ja das Geld erreichen. Nur eine Tür war ihm zur Linken noch geblieben und eine zur Rechten. Und diese Türen, da konnte er so gut hinsehen und horchen wie er wollte, diese Türen verrieten nicht, was hinter ihnen wartete. Beide hüteten ihr Geheimnis. Es war seine Wahl, und er musste nehmen, was kommen würde. Und so blieb er sitzen, wo er war. Bei dem Geld, das er sein Leben lang als Ziel gesehen und nun erreicht hatte. So blieb ihm jetzt, als altem Mann, nichts mehr als sich vorzustellen, was hinter den Türen auf ihn gewartet hätte. Es wäre möglicherweise der Reichtum seines Lebens gewesen, die Abwechslung; vielleicht aber auch falsche Entscheidungen, Leiden und Schmerz. Er würde es nie erfahren. Nathan lehnte sich zurück an die Wand mit den Geldbündeln. Sein Blick wanderte noch einmal den Flur entlang, dessen Türen jetzt alle deutlich offenstanden. Er konnte sehen, was er hätte tun können und was ihm hätte widerfahren können. Welche Leben er nicht gelebt hatte oder nicht hatte erleben müssen. Und als Nathans Blick brach, schlossen sich alle Türen still und mit einem Male, als wären sie nie offen gewesen. Ein leerer Flur blieb zurück, ohne Geldbündel, ohne Nathan. Und langsam öffnete sich die Tür in der Front des Hauses auf dem Hügel. Ein Schatten verdunkelte die Tür. Eine junge Frau trat in den Flur.

Corinna sah verwundert in das dunkle Haus, das sich vor ihr öffnete. Ein langer Flur erschien, als die Tür nach innen zur Seite schwang, ein lichtdurchfluteter Flur voller Pflanzen und einem unbestimmbaren Etwas in der Luft. Es musste herrlich sein, hier einzutreten und hindurch zu schlendern.

Denn sie hatte es nicht eilig. Sie hatte ihr spießiges Elternhaus verlassen, um als eine Art moderne Hippie herumzuziehen und das Leben in vollen Zügen zu genießen. Ihre Eltern hatten sich in einem winzigen Nest in Illinois den örtlichen Laden aufgebaut; unendliche Stunden Arbeit hatten sie in diesen Laden investiert, ihre sieben Kinder waren mehr in diesem Laden als auf der Straße aufgewachsen; und endlich, als wirklich alles rund lief und der Laden richtig Geld abwarf, da erlitt die Mutter einen Schlaganfall und der Vater musste sich um die Pflege kümmern, aber er wurde ja im Laden gebraucht. An fremde Pflegekräfte war da nicht zu denken, die jüngste Tochter musste ran, Corinna. Am Tag des Schlaganfalls ihrer Mutter endete ihr junges Leben. Jede Sekunde ihres Tagesablaufs war penibel geregelt; alles war vorherbestimmt; jede einzelne Sekunde, deren sechzig sich zu einer endlosen Minute dehnten, die irgendwann zu einem endlosen Tag geronnen. Minuten aus einem Nachttopf, der ausgeleert werden musste, Sabber, der vom Mundwinkel abgewischt werden musste, kochen für immer noch vier

Personen, als die ältesten Geschwister ausgezogen waren, füttern und den Nachttopf ausleeren. Schlaf blieb für Corinna selbst kaum übrig, denn die Mutter konnte nicht mehr läuten. Sie musste immer im Auge behalten werden. Corinnas Kinderzimmer war das Krankenzimmer der Mutter geworden und roch nach Krankheit und Alter. Da war Corinna 15 gewesen.

So oft, oder besser, so selten sie noch aus dem Haus kam, versicherten die Älteren sie ihrer Hochachtung, und wie wunderbar sie das alle fanden, wie sie sich für ihre Mutter aufopferte. Und ihre Klassenkameraden und Altersgenossen verachteten sie offen. Es war ihre einzige Jugend, die sie da im Krankenzimmer einer anderen verbrachte. Corinna blieb nichts, als sich ein Leben zu erträumen, wie sie es sich erwünschte. Sie hatte ja so unendlich viel Zeit zum Träumen. So unendlich lange Sekunden, die zu Minuten und Tagen und Wochen und Monaten und Jahren geronnen. Ihre Jugend gerann und zerrann schneller, als sie es für möglich gehalten hatte. Und einen Tag nach ihrem, Corinnas, 24. Geburtstag starb ihre Mutter. Da waren die Sekunden der Jugend vorbei, wie eingewoben in die schmutzigen Flecken aus Kot, Urin und Erbrochenem im Teppich im Zimmer der Mutter, das einmal Corinnas Zimmer gewesen war. Und noch vor der Beerdigung der Mutter hatte Corinna die Grenze von Illinois hinter sich gelassen. Ohne einen einzigen Blick zurück.

Corinna hatte hier, außerhalb Illinois', absolut nichts übrig für jede Art von Ordnung, Zeitdruck, Festlegungen, Management oder Reglement; sie wollte Blumen und Schmetterlinge sehen, den Duft von Wäldern riechen, fremde Körper spüren und so die Menschen in den Körpern zu Freunden statt Fremden machen. Als sie das merkwürdige alte Haus auf dem Hügel gesehen hatte, hier an der endlosen Straße, da hatte sie gedacht, wer hier wohnte, der müsste von ihrer Denkart sein. Deshalb hatte sie es gewagt, das halb zerfallene Gartentor aufzustoßen und den Hügel hinauf zu gehen; nicht zu schnell, ohne Hast, sich alles genau ansehend, jede Farbe, jeden Duft, jeden Sonnenstrahl dieses gleißenden Sommermittags in sich aufnehmend. Leise hatte sie immer wieder gerufen, ob da jemand sei, und dass sie nichts Böses wolle, nur kurz Guten Tag sagen. Dann, auf der Veranda vor der Tür, hatte sie sich umgesehen und bemerkt, dass auf diesem Boden schon seit Ewigkeiten kein Mensch mehr gegangen sein konnte. Selbst zur Tür störte keine Spur eines Schrittes die lockere Ordnung des Staubes und der Blätter, die hier schon seit dem letzten Herbst zu liegen schienen. Das Haus stand offensichtlich leer, doch die Tür stand offen. Deshalb rief sie noch einmal, lauter diesmal, ob denn tatsächlich niemand da sei, und trat dann ein.

Sie blieb erstaunt stehen. Vor ihr öffnete sich eine Art langer Flur, gewunden wie eine Schlange, der sich in der Ferne zu verlieren schien. Die Decke konnte sie nicht genau erkennen, etwas wie ein Nebel schien sie einzuhüllen; aber aus dem Nebel drang sanftes beruhigendes Licht, das den Flur angenehm beleuchtete; ein wunderbarer Kontrast zu der Helligkeit draußen, die die Augen schmerzen ließ.

Zur Rechten und zur Linken öffneten sich Türen, die in die Zimmer neben dem Flur zu führen schienen. Von irgendwoher erklang Vogelgezwitscher, ein Bach schien sanft in seinem Bett zu laufen und eine angenehme Kühle wie in einem sommerlichen Wald erfüllte den Flur. Selbst das Licht schien die Farbe des Sommers zu haben, wenn klares Sonnenlicht durch die Blätter eines Buchenwaldes strömt und selbst zu gläsernem Grün wird. Corinna fühlte mit einem Male, dass sie hierher gehörte. Hier war ihre Heimat, hier würde sie glücklich sein können. Sie schlenderte zur ersten Tür, rechts von ihr, und öffnete sie. Sie ging hindurch, lächelte, und schloss sie hinter sich. Sie begann ihre lange Reise. Und leise schloss sich die Haustür des Hauses auf dem Hügel.

Jayden zögerte, die dunkle Tür, die Reste von abgeplatzter Farbe zeigte, aufzustoßen. Was wollte er hier? Was tat er vor diesem Haus? Dem Haus an der endlosen Straße, der Route 66, mit der aufgemalten Hausnummer 66. Konnte das eine Hausnummer sein? Hier, in der Ödnis? Wenn hier die 66 war, wo war dann die 1? Jayden fühlte in sich die Leere, die das Haus umgab.

Mit seinen 52 Jahren war er wieder ganz am Anfang, an einem sehr, sehr tiefen Anfang. Eigentlich war er auf der Flucht vor seiner Vergangenheit und hatte dabei dieses Haus gefunden; ein Haus auf einem Berg, alleinstehend, nur für sich alleine. Er hatte gerade seine Frau und seine beiden Kinder bei einem furchtbaren Brand verloren; einem Brand in einem Hochhaus, mitten in Seattle, einem modernen Wohnblock. Innerhalb von Sekunden war das Treppenhaus zur Rauchhölle geworden, die Aufzüge unbenutzbar, jeder Fluchtweg abgeschnitten. Sie waren ans Fenster geflüchtet und hatten hinaus gewunken, und hatten das Unheil doch nicht kommen sehen. Die Fassade hatte Feuer gefangen, die Dämmung war zur Todesfalle geworden. Eigentlich hatte nicht ihre Wohnung gebrannt, sondern die darunter; aber von der Hitze der brennenden Fassadendämmung waren die Fenster zum Kinderzimmer geborsten und hatten Evelyn und den beiden Jungs, Tom und Jake, das Feuer ins Gesicht getrieben. Er hatte hilflos vor dem Haus gestanden und zugesehen, wie die Haare Evelyns in Flammen standen, als sie versuchte, die Jungen zu bergen. Er hatte nichts tun können. Die Wohnung war im 19. Stock, zu hoch für alle Rettungsversuche von außen. Das Haus war ein Kamin geworden. Jayden war mit ihnen gestorben. Evelyn war 38 gewesen, Tom 15 und Jake 13. Und jetzt stand er hier, Witwer und Vater zweier toter Kinder, und suchte nach einem neuen Anfang, einem Rest Lebens in sich, für sich. Hinter dieser Tür.

38, 15, 13: 66. Zusammen 66. Und das Haus auf dem Hügel hatte die Nummer 66. Er wusste nicht, ob ihm das Trost gab oder ihn abstieß. Aber er war hier und zögerte. Zögerte und schämte sich dafür. Er, ein Ex-Marine und Bootsbauer, ein Handwerker, hatte Angst vor einem leeren Haus. Ein Ruck ging durch seinen kräftigen Körper, seine Hand drückte entschlossen die Tür auf und er trat ohne einen weiteren Gedanken in das Haus. Hinter ihm schloss sich die Tür.

Jaydens Augen gewöhnten sich langsam an die Dunkelheit. Er sah sich um. Und noch einmal. Ihn umgab ein gewaltiger Saal, die Decke schien sich im nachtschwarzen Dunkel zu verlieren, die umlaufenden Wände waren nicht auszumachen. Nur ein einziger Gegenstand befand sich in der endlosen Weite: Eine Leiter, die durch eine Art Luke in etwas Helles hinaufführte. Jayden zögerte, sah sich um. Aber hier war nichts anderes. Prüfend sah er nach oben, aber er konnte nichts erkennen, außer einer sanften und beruhigenden Helle.

Jaydens Hand griff nach der Sprosse in Höhe seines Gesichtes, und er zwang sich dazu, die Leiter emporzusteigen. Mit jedem Schritt nach oben wurde er mehr Teil der Helle, die ihn erwartete. Er spürte keine Angst. Mit jeder neuen Sprosse wurde er stattdessen neugieriger. Endlich erreichte er das, was irgendwie über dem Raum war, in dem er das Haus betreten hatte.

Vor Jayden breitete sich eine Wiese aus, eine wunderbare weite Landschaft voller Blumen, Bäume; ein Fluss schlängelte sich hindurch unter einem blauen Himmel mit weißen Wolken. Und doch wirkte es alles unwirklich, als sei es viel zu schön und ideal, um wahr zu sein. Jayden machte einen Schritt hinein, um sich umzusehen. Und hinter ihm schloss sich der Boden, die Leiter verschwand und er stand dort, wo er eigentlich immer hatte sein wollen. Auf einer Farm in Texas, auf seiner Farm, seinem Land. Einige Tage streifte er umher. Es war herrlich, nur eines fehlte: Er war der einzige Mensch. Sonst hatte er alles, was er sich je erträumt hatte.

Mit einem Mal stand er wieder vor einer Leiter, die diesmal nach unten führte, in den Boden. Von dort unten roch es nach Kaffee und Erdnussbutterbroten. Nach gebratenem Speck und Ei, nach Evelyns einmaligem Obstsalat. Und er hörte Stimmen. Evelyn sprach mit Tom, und Jake wollte dazwischenfunken. Jayden fasste es nicht, ihm stiegen die Tränen in die Augen. Er schaute nach unten in den Raum und sah das geliebte Haar seiner Frau; das Haar, das er zuletzt in Flammen stehend gesehen hatte. Evelyn und die Jungs gingen nach nebenan in den Flur, und Jayden stieg unbemerkt die Leiter hinab, die hinter ihm mitten im Raum stehen blieb. Jayden wunderte sich nicht darüber; er hatte nur Augen für seine Evelyn, die gerade mit den Jungs wieder hereinkam. Ihre langen dunkelblonden Haare, die so wunderbar zu den meergrünen Augen passten, wehten ein wenig, so schnell stürmte sie mit Tom an der Hand herein. Fast hätte sie Jayden umgerannt. Jake sah den Vater, jubelte laut auf und warf sich ihm an die Brust, die er fest umschlang. „Nanu, ich hab dich gar nicht reinkommen sehen?“ wunderte sich Evelyn, gab Jayden einen Kuss auf die Wange und ging an den Kühlschrank, um einen Eisbeutel heraus zu holen. Sie drückte ihn Tom auf das Auge und sah Jake streng an: „Das nächste Mal passt ihr beiden auf, wogegen ihr rennt, verstanden?“ Jayden fiel auf, dass sie zweimal durch die Leiter gelaufen war, ohne sie im Geringsten zu bemerken. „Na, du musst auch aufpassen, sonst rennst du noch die Leiter um!“, grinste er seine wunderschöne Frau an. Hätte er sie nicht schon geliebt, in diesem Moment wäre es um ihn geschehen gewesen, als Evelyn ihn ansah wie einen Verrückten und laut auflachte.

Evelyn sah sich um. „Welche Leiter?“, fragte sie lachend. Jaydens Blick fiel auf den Wandkalender und die Uhr. Es waren Tag und Stunde des Brandes. Er wusste, das Treppenhaus musste jetzt schon eine Todesfalle sein. Er roch sanft den ersten Anflug des Geruchs von Rauch, er begriff, gleich, jeden Moment, würde die Fassade Feuer fangen. Und Evelyn sah die rettende Leiter nicht. Evelyn nicht, und keiner der Jungs. Jayden sah den Weg in die Rettung, er umfasste die Leiter mit seiner Linken. Und in den immer stärker werdenden Rauch schloss er die Augen, lehnte den Kopf an die Leiter, er spannte den Körper an und...

In diesem Moment schlägt die Kirchturmuhr, weckt mich. Ich erfahre nicht, was Jayden getan hat. Ich weiß es nicht. Welche Entscheidung wäre die richtige gewesen? Wie hätte ich mich entschieden? Welchen Rat würde ich jungen Menschen geben? Wie hättest du, wie hätten Sie sich entschieden? Gibt es das Richtige und das Falsche?

Was wäre das Richtige gewesen? Für mich?

Verstorbene Sterne

Ein Blick an den Sternenhimmel ist ein Blick in weite Vergangenheiten. Dort stehen so viele Sterne, die in diesem Moment aus der Nähe betrachtet alle nicht so aussehen, wie ich sie sehe, denn ihr Licht ist so unendlich viel älter als dieser Augenblick. Dort leuchten Sterne, die schon lange erloschen sind, aber der Blitz ihres Todes oder das langsame Verglimmen wird erst in einer ungewissen Zukunft bis zur Erde gelangen. Nur eines ist klar: Das, was ich dort sehe, ist so, wie es sich zeigt, nicht real. Und doch ist es da.

Vielleicht ist es auch so mit Menschen, Gedanken und Erinnerungen: Sie mögen schon längst nicht mehr da sein, aber solange sie noch Spuren hinterlassen, ist es egal, ob sie selbst noch existieren. Wer noch leuchtet, der muss nicht mehr real sein. Das Leuchten, das Wirken, das Bemerkt-werden schlägt die Bedeutung der Realität bei Weitem. Was ist schon das Reale? Was vermisst werden kann, das ist vielleicht realer als zu der Zeit, als es noch da war. Wer lange nach seinem Weggang an die Orte der Kindheit zurückkehrt und dort vermisst, was die, die dort ihr Leben lang geblieben sind, längst vergessen haben, der erweckt zu Leben und der gibt Bedeutung. Ein Kleidungsstück im Schrank, das noch nach der Oma riecht; eine alte Apfelsorte, die man seit Ewigkeiten nicht mehr geschmeckt hat; ein verlorenes und wieder gefundenes Bild aus anderen Tagen, glücklich oder nicht; all das erschafft Realität. Wahre Realität. Dauerhafte Realität.

Brief an meine Schüler

Hallo!

Da sind Sie nun, am Ende Ihrer Schulzeit. Junge Menschen, die trotz ihres Alters schon einiges erlebt haben. Sie gehören ohne es zu wollen zu der Generation, deren Leben in Bahnen gelenkt wurden, die Sie wahrscheinlich selbst nicht gewählt hätten: Durch den 11. September 2001, Corona, den Krieg in der Ukraine. Durch von Ihnen verlangten Verzicht, den Sie bewundernswert erbracht haben, und dann die Aussicht auf nicht enden wollende immer neue Krisen. Und in dieser Lage starten Sie jetzt durch ins große Leben nach der Schule. Was kann ich als Lehrer Ihnen da mit auf den Weg geben?

Nun, zunächst einmal ein Dankeschön für die Zeit mit Ihnen. Ich habe sie genossen. Nicht immer, aber wer genießt schon immer. Dann würde man sich an das Perfekte ja als das Normale gewöhnen. Das wäre ja auch nix. Aber trotz allem war es eine schöne Zeit. Ich habe viel von Ihnen gelernt. Dafür meinen Dank.

Ich würde Ihnen gerne ein paar Wünsche mit auf den weiteren Weg geben. Wünsche, die mir durchs Leben geholfen haben. Allein schon an diesem Wunsch merke ich, wie alt ich geworden bin und wie jung Sie noch sind. Aber das ist ja die Aufgabe der Alten: Die Jungen zu begleiten und manchmal ein paar Denkanstöße zu geben, da Erfahrung die Phantasie der Jungen in ein bisschen geerdetere Bahnen lenken kann, die Phantasie der Jungen den Alten aber neuen Horizonte eröffnet. Erfahrung ist nichts ohne Phantasie, und Phantasie nichts ohne Erfahrung. Deshalb wünsche ich Ihnen beides. Und die Menschen, die Sie bei beidem begleiten. Die Ihnen vermitteln, dass Vorsicht nicht mit Angst zu verwechseln ist, dass aber beides wichtig und notwendig sein kann. Und kein Grund zur Scham.

Für mich ist das Leben wie ein langer Flur, in dem viele Türen sitzen. Niemand weiß, wie lang Ihr Flur sein wird und wie viele Türen, also Chancen, Möglichkeiten oder Verführungen, auf Sie warten; außer vielleicht der Eine; aber das ist auch so eine Erfahrung, die vielleicht auf Sie wartet: Herauszufinden, ob es Ihn denn gibt. Als Ihr Relilehrer darf ich den kurzen Ausflug in die Religion wohl wagen.

Ich wünsche Ihnen einen langen Flur, viele Türen und die Lust und die Gelegenheit, hinter möglichst viele davon wenigstens zu spähen; Freude an Entscheidungen, Mut zum Tragen oder auch Ertragen von Konsequenzen. Ihr Leben wird Vieles für Sie bereithalten: Helle und dunkle Tage und die in Grau und leuchtenden Farben. Und das Muster dieser Tage wird Ihr unverwechselbares Leben sein. Ich wünsche Ihnen darin ein wunderbar vielfarbiges und vielgestaltiges Muster. Ein einzigartiges Muster. Einzigartig und unverwechselbar wie Sie selbst. Ihr Muster.

Ich wünsche Ihnen die Fähigkeit, am Anfang einer Nacht zu wissen, dass es zwar auch Mitternacht werden wird, danach aber auch wieder Morgen. Dass Sie sich wagen, Hilfe anzunehmen und den Mut, Hilfe anzubieten. Dass Sie die Zeiten erkennen, wann es richtig ist zuzuhören und die Zeiten, selbst deutlich zu sprechen. Dass Sie Flügel haben werden, die sie zu Ihren Träumen tragen, und Füße, um fest und sicher auf der Erde zu stehen, wenn Stürme sie vom Himmel holen würden und es zu gefährlich wäre, nur zu träumen und die Realitäten zu verkennen. Und den Mut zu träumen und Träume Wirklichkeit werden zu lassen. Ich wünsche Ihnen die Verantwortung, von Träumen abzulassen, wenn Sie erkennen, dass es vielleicht Träume für Sie wären, für andere aber Alpträume. Ich wünsche Ihnen offene Ohren und Augen; und Hände, die Sie die Welt begreifen lassen. Freunde zur rechten Zeit und Ihre Freundschaft für andere, wenn die Sie brauchen. Ich wünsche Ihnen den Mut, mit mehr offenen Fragen als abgehakten Antworten durchs Leben zu gehen und die Freiheit, aus jeder Antwort mindestens eine neue Frage sprießen zu lassen.

Und egal was auf Sie wartet und wie lang Ihr Flur auch sein mag; was auch immer hinter den Türen in Ihrem Flur auf Sie wartet; egal, wie das Muster Ihres Lebens am Ende aussehen wird: Ich wünsche Ihnen ein Leben voller Leben. Es war mir eine Freude und Ehre, Sie kennengelernt zu haben.

Ihr Christoph Kaiser

Theaterstücke von Christoph Kaiser:

Die Herren von Schloss Katzenbach;

Ein Geisterstück, basierend auf Geister? Geister! Geister???

ISBN 9789463864213

Dreimal ein Phönix; Über den dritten Stadtbrand Biedenkopfs 1717

ISBN 9789463860246

mit den Bildern der Aufführung ISBN 9789463866422

Geister? Geister! Geister??? Ein Geisterstück über einen Schlosskauf

ISBN 9789463860307

Die drei Schwerter; Eine Zeitreise in neun Szenen

ISBN 9789463860529

Einakter und Szenen aus Hessen; Kurze Theaterstücke meist aus dem hessischen Hinterland

ISBN 9789463861892

Stille, in die Regen fällt; eine kurze Szene über das eigene Paradies.

ISBN 9789463862745

Selavinia oder Zwei Orte, eine Zeit; ein Theaterstück über Gerechtigkeit und Unrecht, Reichtum und Armut; über die zeitgleichen Welten auf dem Planeten Erde; und über Beziehungen und verpasste Chancen.

ISBN 9789403604138

1631; Ein Stück über den Prozess gegen die Biedenköpfer Hexe Henrich Sangen

ISBN 9789463863018 und ISBN 9789463987356 (mit Bildern aus dem Film)

Klamauk, Klamauk! Über das Theater, Kultur und das, was man sagen darf. Mit einem unveröffentlichten Einakter von August von Kotzebue.

ISBN 9789463980142

Schloss Breidenrössl am Perftalsee oder Miss Merwel und Monsieur Purée; ein Coronafilmprojekt, Das Textbuch zum Film.
ISBN 9789403627649

Viele Köche verderben das Märchen; über den Umgang mit alten Wahrheiten

ISBN 9789403653334

Weitere Bücher von Christoph Kaiser

Bauerntracht in Wandel und Beharrung; Über die Tracht im Untergericht des Breidenbacher Grundes

Diplomica-Verlag 2013

ISBN 9783958508095

Tracht als veränderliche Kleidung, beschrieben anhand der Trachten des Hessischen Hinterlandes, insbesondere der Tracht des Untergerichts des Breidenbacher Grundes. Landkreis

Dabei ist nicht alles, was Marburg - Biedenkopf

Grin-Verlag 2008

ISBN 9783640188574

Dreimal ein Phönix, Erzählung; basierend auf dem Theaterstück zum dritten Stadtbrand Biedenkopfs 1717

ISBN 9789463864527

Die Herren von Schloss Katzenbach, Erzählung; basierend auf dem gleichnamigen Theaterstück.

ISBN 9789463866446

Der Umgang des öffentlich-rechtlichen Fernsehens in Deutschland mit esoterischen Inhalten. Studienarbeit

Grin-Verlag 1998

ISBN 9783640215522

Hinterländer Haiku; 30 Gedichte in je drei Zeilen.

ISBN 9789463982214

Hinterländer Winterhaiku; 32 Gedichte in je drei Zeilen über den Winter um Biedenkopf

ISBN 9789463980746

Frühlingshaiku aus dem Hinterland; 33 Haiku über die Landschaft rings um Biedenkopf, das Osterfest und das Erwachen des Lebens.

ISBN 9789463987455

Sommerliche Hinterlandhaiku; Sommer in siebzehn Silben

ISBN 9789403601076

Herbsthaiku aus dem hessischen Hinterland; Herbst in Silbenform

ISBN 9789403609911

Der vierte König Bogomil; Eine Erzählung über den vierten König, der das Jesuskind suchte.

ISBN 9789463982436

Bogomil the fourth king; A tale about the fourth king searching for the newborn child. According to an old Russian story.

ISBN 9789403610375

1631 Erzählung; Über den Tod der Biedenköpfer Hexe Henrich Sangen, nach der Originalakte

ISBN 9789463982733

Werde ich ein Schmetterling sein? Maja und der Tod.

Wie redet man mit einem Kind über den Tod?

ISBN

9789463986076 (Taschenbuch)

ISBN

9789463984379 (gebunden)

Lass uns doch Suraten wommeln, umbimte das Taruppel; ein Sprachspiel und -spaßbuch für Kinder und Erwachsene

ISBN 9789403600864

Sammelsurium; Texte, für die sonst nirgendwo Platz war. Unmodern!

ISBN 9789403610351

Sammelsurium 2; gebrochen, zerbrochen, geheilt.

ISBN 9789403621524

Carl Mauritz Frey von Dehrn vom Hoff: Ein Zug durch Stadt und Wald; Über den Grenzgang und das M-Wort von Biedenkopf

ISBN 9789403611853

Carl Mauritz Frey von Dehrn vom Hoff: Genderstern; Das Bastelbuch passend zum Thema

ISBN 9789403627731

Ikonen, Fachwerk, altes Obst; Kleiner persönlicher Führer innen und außen durch das Schenkbarsche Haus und Ikonenmuseum Biedenkopf

ISBN 9789403623382

Sammelsurium zu Weihnachten; Uriel und die anderen

ISBN 9789403684390

Alle Bücher erhältlich im Buchhandel und unter

publish.bookmundo.de/christophkaiser

publish.bookmundo.de/carl_mauritzfreyvondehrnvomhoff

Von Elvis Benner:

Das Haus über dem Kirchhof; Erzählungen über das Schenkbarsche Haus Biedenkopf

ISBN 9789463860239